A mi esposo, madre, hijos,
nuera y nietos, motivos
de mi inspiración.

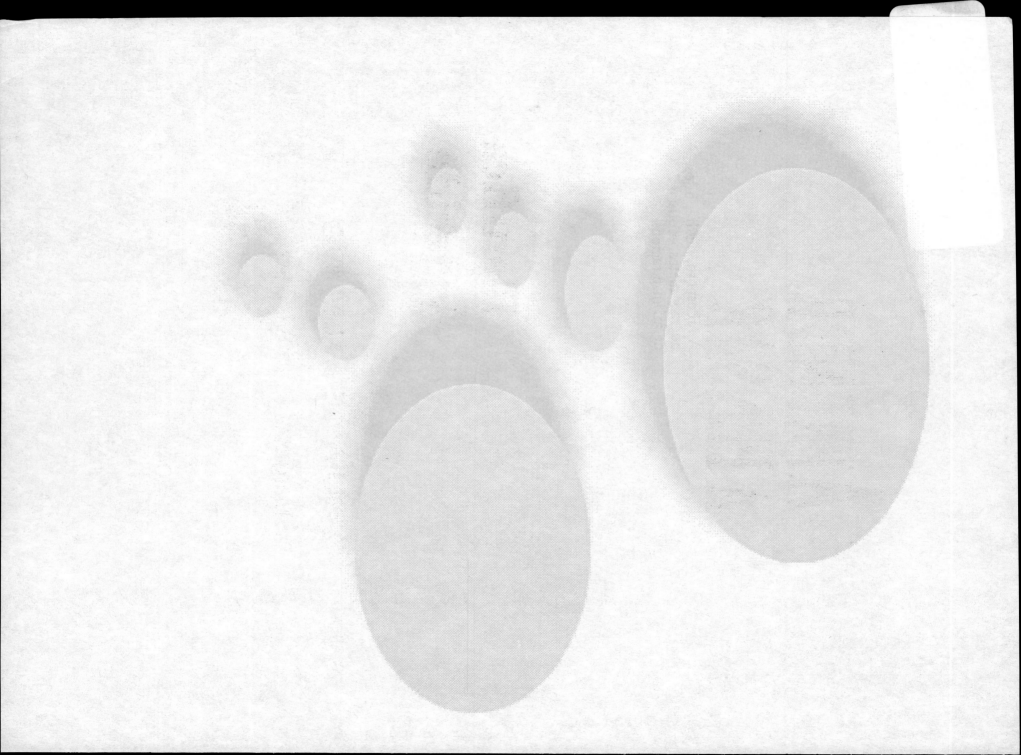

APRENDE A PENSAR

Planifica y decide

GUÍA DEL ALUMNO

Margarita A. de Sánchez

EDITORIAL TRILLAS
México, Argentina, España,
Colombia, Puerto Rico, Venezuela

Catalogación en la fuente

A. de Sánchez, Margarita
    Aprende a pensar : planifica y decide : guía del
    alumno. -- México : Trillas, 1992.
        187 p. ; 27 cm.
        ISBN 968-24-4634-1

    1. Cognición - Estudio y enseñanza (Primaria).
    2. Problemas - Solución. I. t.

LC- LB1059'A5.3   D- 153.07'A699a

Derechos reservados
© 1992, Editorial Trillas, S. A. de C. V.,
Av. Río Churubusco 385, Col. Pedro María Anaya,
C.P. 0340, México, D. F.

Miembro de la Cámara Nacional de la
Industria Editorial. Reg. núm. 158

Primera edición, julio 1992
    ISBN 968-24-4634-1
    ISBN COLECCIÓN 968-24-4633-3

Impreso en México
Printed in Mexico

Presentación

Saber nadar implica desarrollar la **habilidad** para hacerlo; ser un gimnasta también requiere haber logrado la **habilidad** para llevar a la práctica este deporte. Pensar también involucra el desarrollo de una habilidad. Para llegar a ser un buen nadador o un buen gimnasta se necesita saber en **qué consisten** estos deportes y **cómo ejecutarlos**, y además, **practicarlos** hasta lograr el **hábito** de ejecutarlos con naturalidad, precisión y seguridad.

Todo esto implica lograr una **habilidad**. ¿Qué debería ocurir con el pensar? También se debería saber **qué** es pensar y **cómo** pensar; y lo mismo que en el caso de la natación y en el deporte, se debería **ejercitar** el pensamiento, es decir, hacer **gimnasia mental**, hasta desarrollar nuestras habilidades de pensamiento, hasta que logre pensar espontáneamente, sin ningún esfuerzo y con efectividad.

Un pensador efectivo es aquel que es capaz de: expresarse con claridad y precisión, analizar y corregir sus errores de pensamiento, generar ideas pertinentes, tomar decisiones, planificar y resolver problemas, y ser consciente de sus actos mentales.

Mediante el curso *Aprende a pensar* se pretende que desarrolles tus habilidades para pensar con efectividad en la escuela y en la vida cotidiana. Para lograrlo se requiere que trabajes activamente con tu maestro(a), que pienses para contestar las preguntas y para resolver los problemas que te plantee, que discutas con tus compañeros acerca del pensar y que resuelvas los ejercicios y tareas que se proponen en este cuaderno de trabajo.

De tus actividades mentales y de la ejercitación repetida y ordenada que realices dependerán la adquisición de tus hábitos de pensamiento y el éxito que logres en el desarrollo de tus habilidades para pensar.

El cuaderno de trabajo además de la ejercitación, tiene una organización que te ayudará a lograr la disciplina mental requerida para ordenar tus ideas y para pensar por aspectos con claridad y precisión.

Al final de cada lección te proponemos algunos ejercicios para que los compartas con tus padres, hermanos y otros familiares.

Esta práctica conjunta permitirá que ellos conozcan lo que tú estás logrando, te ayudará a avanzar más rápido en el desarrollo de tu mente y constituirá una linda oportunidad de analizar y resolver problemas sencillos en el seno familiar.

La gente se dará cuenta que los jóvenes y niños cuando ejercitan su mente son capaces de producir muchas ideas creativas, interesantes y útiles, y valorarás tu aporte en la resolución de los problemas de la vida cotidiana. Todo esto ya se ha comprobado con jóvenes que como tú se lanzan a la aventura de aprender a pensar.

Margarita A. de Sánchez

Índice de contenido

Lección 1

Pensar en
lo bueno y lo malo.
Presentación y práctica
del proceso

CLASE 1. PENSAR EN LO BUENO Y LO MALO

¿ QUE PESA MÁS TU CUERPO O TUS IDEAS?

Introducción

1. El maestro reparte caramelos a los alumnos antes de iniciar la clase.

   ¿Qué es lo bueno de. esta idea? ⟷ ¿Qué es lo malo de esta idea?

2. Deberían eliminarse los asientos de los teatros.

   ¿Cuáles son las ventajas de esta idea? ⟷ ¿Cuáles son las desventajas de esta idea?

(Piensa, no escribas)

Proceso: "Pensar en lo bueno y lo malo"

Pensar en lo bueno y lo malo significa:

Lo bueno   **Lo malo**

Lo bueno   **Lo malo**

Considerar lo bueno y lo malo nos ayuda a balancear nuestras ideas.

¿A qué más nos ayuda?

_____

Pensar en lo bueno y lo malo nos ayuda a:

1. _____
2. _____
3. _____
4. _____
5. _____
6. _____

Práctica del proceso

Primera práctica

Debería distribuirse diariamente una merienda gratuita en todas las escuelas de México. Considera lo bueno y lo malo de esta idea.

Lo bueno o adecuado:

_____

Lo malo o inadecuado:

_____

Segunda práctica

Piensa en lo bueno y lo malo de la siguiente idea: "Los padres deberían considerar las opiniones o puntos de vista de sus hijos antes de tomar la decisión de
negarles lo que pidan".

Lo bueno:

_____

_____

_____

_____

_____

Lo malo:

_____

_____

_____

_____

_____

_____

_____

Tercera práctica

Considerar lo bueno y lo malo de la siguiente idea imaginaria: "Todos los árboles deberían desplazarse libremente durante las horas del día".

Lo más conveniente:

_____

_____

_____

_____

_____

_____

_____

_____

Lo menos conveniente:

_____

_____

_____

_____

_____

_____

_____

_____

Reflexión

Pensar en lo bueno y lo malo significa:

CLASE 2. PENSAR EN LO BUENO Y LO MALO. EJERCICIOS DE CONSOLIDACIÓN

EJERCICIO MENTAL.

Práctica del proceso

Primera práctica

Aplica el proceso "pensar en lo bueno y lo malo" en la siguiente idea:

"Se tomó la decisión de eliminar las puertas de las casas".

Lo bueno   **Lo malo**

$\updownarrow$ _____

$\updownarrow$ _____

$\updownarrow$ _____

$\updownarrow$ _____

$\updownarrow$ _____

$\updownarrow$ _____

$\updownarrow$ _____

$\updownarrow$ _____

Segunda práctica

Si el sol brillara solamente durante seis meses del año, ¿qué sería lo bueno y lo malo de esta situación?

Lo bueno:

_____

_____

_____

_____

_____

_____

_____

Lo malo:

_____

_____

_____

_____

_____

_____

_____

_____

Tercera práctica

Aplica el proceso "pensar en lo bueno y lo malo" en la siguiente idea:

"Se tomó la decisión de prohibir la venta de caramelos y chicles en toda la ciudad".

Lo malo

Lo bueno

Cuarta práctica

Si todas las personas tuvieran alas para volar, ¿cuáles serían los buenos y malos aspectos?

Aspectos buenos:

_____

_____

_____

_____

_____

_____

_____

_____

Aspectos malos:

_____

_____

_____

_____

_____

_____

_____

Quinta práctica

Considera lo positivo y lo negativo de la siguiente idea:

"Todos los niños deberían tener un maestro particular".

Lo positivo → → **Lo negativo**

Reflexión

Anota tres ideas acerca de la utilidad de proceso del pensamiento: "Pensar en lo bueno y lo malo".

1. _____

2. _____

3. _____

Tarea

Habla con tus padres y hermanos acerca del proceso de pensamiento estudiado.

CLASE 3. PENSAR EN LO BUENO Y LO MALO. EJERCICIOS DE APLICACIÓN

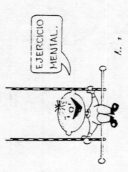

Práctica del proceso

Primera práctica

Considera lo bueno y lo malo de la siguiente idea: "Todos los conductores deberían colocar vidrios oscuros en sus autos".

Lo bueno:

_____

_____

_____

Lo malo:

_____

_____

_____

Segunda práctica

Piensa en lo bueno y lo malo de la siguiente idea:

**Lo que
más me
gusta**

"Todas las personas
deberían seguir la
moda de cortarse el
cabello al rape".

**Lo que
menos me
gusta**

Tercera práctica

Busca las ideas buenas o positivas y las malas o negativas de la siguiente idea:

> Se tomó la decisión de que en todas las fiestas celebradas en México sólo se escuche música nacional".

Lo bueno o positivo

Lo malo o negativo

Cuarta práctica

Busca lo bueno y lo malo de la siguiente idea: "Que los hombres y mujeres se vistan de igual manera, es decir, que adopten la moda unisex".

Lo bueno:

_____

_____

_____

_____

_____

_____

_____

Lo malo:

_____

_____

_____

_____

_____

_____

_____

Reflexión

En qué casos es útil aplicar el proceso: "Pensar en lo bueno y lo malo".

_____

_____

_____

Una persona que se acostumbra a pensar en lo bueno y lo malo antes de tomar una decisión o de hacer algo, ¿qué beneficios tiene?

_____

_____

_____

Cómo le ayudarías a una persona para que aplique el proceso "pensar en lo bueno y lo malo" en su vida diaria.

_____

_____

_____

_____

_____

_____

_____

_____

_____

_____

_____

CLASE 4. PENSAR EN LO BUENO Y LO MALO. PROBLEMAS

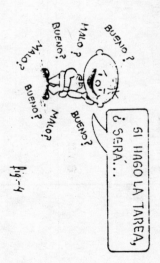

fig-4

Problemas

Aplica el proceso "pensar en lo bueno y lo malo" en tres de las siguientes ideas:

1. Deben eliminarse las fronteras de todos los países del mundo.
2. Deben organizarse campañas para proteger las especies, animales o vegetales, en vías de extinción.
3. Deben imponerse penas legales como el encarcelamiento para todos los jóvenes delincuentes que tengan más de 14 años de edad.
4. En la ciudad, se decide que todos los niños de edad escolar deben inscribirse en las escuelas de la zona donde viven.

Reflexión

En qué casos de tu vida diaria has aplicado el proceso: "Pensar en lo bueno y lo malo".

_____

_____

_____

_____

_____

_____

_____

_____

_____

_____

Tarea

Piensa en lo bueno y lo malo de la siguiente idea: "Todos los camiones o autobuses de la ciudad deberían ser gratuitos".

Discute la idea anterior con tus padres y hermanos, y explícales para qué sirve el proceso de pensamiento estudiado.

Lección 2

Pensar en
todos los aspectos.
Presentación y práctica
del proceso

CLASE 5. PENSAR EN TODOS LOS ASPECTOS

PIENSO EN TODO.

tiempo
espacio
lugar

Introducción

Cuando José salió con sus amigos vio un traje muy bonito. Con entusiasmo les pidió dinero a sus padres para comprarlo. Cuando llegó a su casa se lo probó, pero no le quedó bien.

¿Qué le pasó a José?

Proceso: "Pensar en todos los aspectos"

Cuando uno tiene que tomar una decisión o simplemente pensar en algo, siempre existen varios aspectos que deben tomarse en cuenta. Si uno omite alguno de éstos, la elección aparentemente será correcta en ese momento, pero más adelante podríamos darnos cuenta de que estamos equivocados.

El proceso "pensar en todos los aspectos" nos ayuda a evitar que esto ocurra.

En qué más puede utilizarse el proceso "pensar en todos los aspectos".

Práctica del proceso

Primera práctica

Un grupo de niños están planificando una excursión. Para realizarla, ¿qué aspectos deben tomar en cuenta?

Aspectos por tomar en cuenta:

_____

_____

_____

_____

_____

_____

_____

_____

Segunda práctica

Un joven desea comprar un Nintendo de segunda mano. Antes de comprarlo, ¿qué aspectos debe considerar?

Aspectos por tomar en cuenta:

_____

_____

_____

_____

_____

_____

_____

Tercera práctica

Para fabricar una silla, ¿qué aspectos deben considerarse?
Aspectos por tomar en cuenta:

_____

_____

_____

_____

_____

_____

_____

_____

Reflexión

1. Mediante la aplicación del proceso "pensar en todos los aspectos", ¿qué puedes evitar?

_____

_____

_____

_____

2. ¿En qué casos es útil aplicar el proceso estudiado? Cita algunos ejemplos.

_____

_____

_____

_____

_____

Pensar en todos los aspectos significa:

_____

_____

_____

_____

Pensar en todos los aspectos nos ayuda a:

_____

_____

_____

_____

_____

Tarea

Discute con tus padres y hermanos el proceso estudiado, y trata de aplicarlo en la siguiente idea: "Piensa en todos los aspectos que debemos tomar en cuenta para evitar enfermedades contagiosas como el cólera, las infecciones intestinales, etcétera".

CLASE 6. PENSAR EN TODOS LOS ASPECTOS.
EJERCICIOS DE CONSOLIDACIÓN (1a. PARTE)

EJERCICIO MENTAL.

Práctica del proceso

Primera práctica

Si tuvieras que elegir a tu maestro, ¿qué aspectos considerarías?

_____

_____

_____

Segunda práctica

Cuando un ama de casa va a realizar sus compras al mercado, ¿qué aspectos debe considerar?

_____

_____

_____

Tercera práctica

Piensa en todos los aspectos que deberías tomar en cuenta al comprar una casa o un apartamento.

_____

_____

_____

_____

_____

_____

_____

_____

Cuarta práctica

Para que una persona escoja el estilo de su peinado, ¿qué aspectos debería considerar?

_____

_____

_____

_____

_____

_____

_____

Quinta práctica

En la escuela, unos alumnos piensan organizar una patrulla escolar. Para que lleven a la práctica dicha idea, ¿qué aspectos deben considerar?

_____

_____

_____

_____

_____

Reflexión

¿Qué sucede cuando se omiten aspectos importantes?

_____

_____

_____

El hecho de tener que adquirir el hábito de pensar en todos los aspectos, ¿qué efectos genera sobre una persona?

_____

_____

_____

_____

Tarea

En tu colonia, los colonos piensan organizar una jornada de "operación limpieza". Para realizarla con éxito, ¿qué aspectos deben considerar?

CLASE 7. PENSAR EN TODOS LOS ASPECTOS. EJERCICIOS DE CONSOLIDACIÓN (2a. PARTE)

Práctica del proceso

Primera práctica

Supón que te vas de vacaciones al extranjero. Según el sitio escogido, ¿qué aspectos debes considerar?

_____

_____

_____

Segunda práctica

Di qué aspectos considerarías para comprar una bicicleta.

_____

_____

_____

Tercera práctica

Di qué aspectos deben tomarse en cuenta para elegir una carrera.

_____

_____

_____

_____

Cuarta práctica

El director de un plantel decide ofrecer diariamente una pastilla con vitaminas y minerales a cada niño de la escuela. Para elegir dicha pastilla, ¿qué aspectos debe considerar?

_____

_____

_____

_____

Reflexión

Entre una persona que aplica los procesos del pensamiento estudiados y otra que no los aplica, ¿qué diferencias existen?

Persona que aplica los procesos estudiados

Persona que no aplica los procesos estudiados

CLASE 8. PENSAR EN TODOS LOS ASPECTOS. PROBLEMAS

Problemas

Resuelve los siguientes problemas, y elabora un reporte escrito. Piensa en todos los aspectos requeridos para:

1. Organizar una fiesta de fin de curso.
2. Planificar una campaña de vacunación para niños.
3. Propiciar el saneamiento de los alimentos que se venden en los puestos públicos.

Reflexión

Da tres ejemplos de situaciones en las cuales deben aplicarse los procesos estudiados.

_____

_____

_____

_____

_____

_____

En qué se parecen los procesos estudiados: "Pensar en lo bueno y lo malo" y "pensar en todos los aspectos".

Ambos procesos:

_____

_____

_____

_____

_____

_____

Piensa con tu maestro en la siguiente conclusión:

El proceso "pensar en todos los aspectos" nos amplía la visión que tenemos acerca de un problema o situación. Muchas veces por no considerar todos los aspectos posibles nos quedamos con las ideas más obvias y triviales, ya que no consideramos lo más importante o relevante.

Lección 3

Reglas.
Aplicación de
los procesos estudiados

CLASE 9. REGLAS

Introducción

Supón que eres miembro de un comité, el cual está tratando de establecer ciertas reglas dirigidas a los padres para que las cumplan con sus hijos. Por lo tanto, el comité te pide que elabores cuatro reglas que al respecto consideres importantes.

Reglas

Las reglas son:

1. _____

2. _____

3. _____

4. _____

Los pasos para elaborar unas reglas son:

1. _____

2. _____

3. _____

4. _____

Práctica del proceso

Primera práctica

Imagínate que eres uno de los hijos de un matrimonio, y que deberás formular algunas reglas que dichos hijos deberán cumplir como ayudantes de los quehaceres domésticos.

Aspectos: _____

_____

_____

_____

Reglas: _____

_____

_____

_____

_____

Segunda práctica

Enuncia algunas reglas que te gustaría ver puestas en práctica para mejorar los programas juveniles de televisión.

Aspectos buenos:

_____

_____

_____

_____

_____

_____

_____

Aspectos malos:

_____

_____

_____

_____

_____

_____

Reglas:

_____

_____

_____

_____

_____

_____

Tercera práctica

Supón que deseas organizar una fiesta para un compañero de clase. Genera algunas reglas al respecto.

Aspectos:

_____

_____

_____

_____

Reglas:

_____

_____

_____

_____

_____

_____

Cuarta práctica

Establece algunas reglas que deban cumplirse dentro de un club infantil de la amistad.

Aspectos:

_____

_____

_____

_____

_____

_____

Reglas:

Reflexión

¿Para qué se utilizan las reglas?

_____

_____

_____

_____

Ejemplos de reglas:

Para evitar
confusiones.

Para disfrutar y
divertirse.

Para organizar y
establecer normas.

CLASE 10. ELABORACIÓN DE LAS REGLAS. PROBLEMAS

Problemas

Problema 1

Un avión realiza un aterrizaje forzoso en una selva totalmente deshabitada. Hay 150 supervivientes de distintas nacionalidades, costumbres, lenguas y profesiones.

Establece algunas reglas que faciliten la supervivencia y la convivencia en estas condiciones. Completa el cuadro que se incluye en este cuaderno de trabajo.

Aspectos:

_____

_____

_____

Reglas:

1. _____

2. _____

3. _____

4. _____

5. _____

Regla	Razón de estas reglas
1.	
2.	
3.	
4.	
5.	

Problema 2

Entre los problemas que se dan a continuación, selecciona uno o dos para realizarlos en clase.

1. Imagina que los alumnos de una escuela deciden organizar la Cruz Roja escolar. Menciona los aspectos por considerar e inventa algunas reglas para su buen funcionamiento.

2. Supón que estamos en el año 2100 y que van a organizarse dentro de dos semanas las primeras excursiones a la Luna. Considera todos los aspectos e inventa algunas reglas que los excursionistas deban cumplir durante el viaje.

3. Establece una lista, lo más completa posible, de normas o reglas de seguridad para la comunidad escolar en caso de catástrofes naturales (terremotos, huracanes, deslizamientos de tierra, inundaciones, etc.). Piensa en todos los aspectos: en los buenos y malos antes de elaborar las reglas.

Reflexión

¿Qué es una regla?

_____

_____

¿Cuándo es conveniente utilizar las reglas?

_____

_____

_____

¿Para qué se usan las reglas? ¿Qué utilidad tienen?

_____
.
_____

_____

_____

_____

_____

Tarea

Realiza dos de los ejercicios que se proponen a continuación:

1. Para mejorar la convivencia y las condiciones del barrio, di que reglas debe proponer la asociación de propietarios de un conjunto de casas de la colonia donde vives.

2. Inventa algunas reglas que deban ser observadas por una persona cuando habla y cuando oye a otras personas.

3. Establece algunas reglas que ayuden a mantener la limpieza de las ciudades.

Trabaja con tus padres y hermanos en la elaboración de estas reglas.

Lección 4

Definir objetivos.
Presentación
y práctica
del proceso

CLASE 11. DEFINIR OBJETIVOS

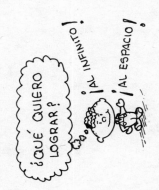

Introducción

El maestro trabajará con los alumnos para hacer una breve revisión de los procesos del pensamiento estudiados. Destacará el significado, las característi- cas y las aplicaciones de cada proceso.

A continuación, se narrará una situación que le pasó a un joven:

Cierta vez, un joven decidió dejar su casa, donde vivía modestamente con sus padres, en busca de un futuro mejor. Llegó a una hermosa ciudad y al bajar del vehículo donde viajaba se preguntó: "¿a donde voy?". Inmedia- tamente se dio cuenta de que no tenía respuesta para esta pregunta. Lue- go, se encontró con un señor que amablemente le preguntó qué iba a hacer en la ciudad, y el joven tampoco tenía respuesta para la pregunta del señor, sólo sabía que iba en busca de un futuro mejor. Después de un tiempo, can- sado de deambular por las calles y de buscar algo que no sabía exactamen- te lo que era, decidió regresar a su lugar de origen. Había ya gastado sus ahorros sin haber encontrado nada. No sabía qué hacer para mejorar su futuro.

A este joven, ¿qué le pasó?

(Piensa con tu maestro, no escribas)

Objetivos

Los objetivos revelan nuestras intenciones o propósitos, es decir, lo que queremos conseguir.

Completa las siguientes ideas:

Plantearse objetivos significa:

Expresar nuestras _____

Saber hacia dónde _____

Clasificar lo que _____

Definir nuestros _____

Práctica del proceso

Primera práctica

Algunos niños coleccionan calcomanías. ¿Cuáles crees que sean sus objetivos?

Objetivos:

_____

_____

_____

_____

_____

_____

Segunda práctica

¿Cuáles crees que serían los objetivos de las personas con respecto a los alimentos contaminados con insecticidas y productos químicos?

Amas de casa:

_____

_____

Autoridades sanitarias:

_____

_____

Agricultores:

_____

_____

Vendedores de insecticidas:

_____

_____

_____

_____

Tercera práctica

Imagínate que eres policía. Establece qué objetivos deben tener los policías.
Objetivos de los policías:

_____

_____

_____

_____

Cuarta práctica

Cuáles son tus objetivos personales y cuáles crees que son los de tus
padres con respecto a tu futuro.
Objetivos personales:

_____

_____

_____

_____

Objetivos de tus padres:

_____

_____

_____

_____

_____

Reflexión

1. Conocer tus propios objetivos antes de ejecutar tus acciones, ¿crees que es importante? ¿por qué?

_____

_____

_____

2. Para una persona conocer los objetivos de los demás, ¿es importante? ¿por qué?

_____

_____

_____

3. Reflexiona con tu maestro en lo siguiente:

Muchas veces actuamos por impulso o por hábito. Los resultados de estas acciones no están definidos, son imprecisos. En cambio, cuando actuamos con una intención o un propósito claramente definidos, sabemos exactamente hacia dónde queremos llegar o lo que queremos lograr.

Los objetivos
revelan:

CLASE 12. DEFINIR OBJETIVOS. EJERCICIOS DE CONSOLIDACIÓN (1a. PARTE)

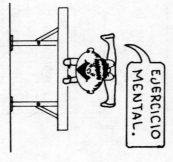

EJERCICIO MENTAL.

Práctica del proceso

Primera práctica

Los objetivos del equipo de gimnasia que compite en un campeonato escolar, ¿cuáles crees que serían?

Objetivos:

Segunda práctica

Los objetivos de una sociedad protectora de animales, ¿cuáles crees que serían?

Objetivos de la sociedad:

_____

_____

_____

_____

Tercera práctica

Imagina que eres el jefe de la tripulación de un laboratorio espacial, en el que se están haciendo experimentos muy importantes. ¿Qué objetivos tratarías de lograr?

Objetivos del jefe:

_____

_____

_____

_____

Cuarta práctica

Los objetivos de los niños que van a la escuela, ¿cuáles crees que serían?

Objetivos:

_____

_____

_____

_____

Quinta práctica

Imagínate que hayas ganado un premio de $10 000 000 de pesos. ¿Cuáles serían tus objetivos?

Objetivos del ganador:

_____

_____

_____

_____

Reflexión

1. ¿Qué importancia tienen los objetivos?

_____

_____

2. ¿Quiénes definen los objetivos?

_____

_____

3. Para qué desarrollamos nuestras habilidades del pensamiento.

_____

_____

_____

Tarea

En relación con la escuela y los alumnos, ¿cuáles serían los objetivos de los maestros? Discute esta pregunta con tus padres y hermanos.

CLASE 13. DEFINIR OBJETIVOS. EJERCICIOS DE CONSOLIDACIÓN (2a. PARTE)

Práctica del proceso

Primera práctica

Una señora al ver que su niño tiene fiebre, lo lleva al médico. Cuáles crees que serían los objetivos de la madre y los del médico.

Objetivos de la madre:

_____

_____

Objetivos del médico:

_____

_____

Segunda práctica

¿Cuáles serán tus objetivos cuando seas grande?

Objetivos:

_____

_____

_____

_____

Tercera práctica

Los objetivos de un mendigo, un vendedor ambulante, un astronauta, un político y un médico, ¿cuáles crees que serían?

Personaje	**Objetivos**
Mendigo:	
Vendedor ambulante:	
Astronauta:	
Político:	
Médico:	

Cuarta práctica

Los objetivos de un constructor de viviendas y los del dueño de una vivienda, ¿cuáles crees que serían?

Objetivos del constructor:

_____

_____

_____

_____

_____

Objetivos del dueño:

_____

_____

_____

_____

Quinta práctica

Imagina que te has ganado un viaje de vacaciones a otro país. ¿Qué objetivos te plantearías?

Objetivos para el viaje de vacaciones:

_____

_____

_____

_____

Reflexión

1. Cuando no tomamos en cuenta los objetivos de otras personas, ¿qué pasa?

_____

_____

2. ¿En qué momento debemos plantearnos los objetivos?

_____

_____

_____

CLASE 14. DEFINIR OBJETIVOS. PROBLEMAS

Problemas

Selecciona y resuelve tres de los siguientes problemas:

1. Supón que estás pasando unas vacaciones en casa de unos amigos de tus padres. Cuáles crees que serían los objetivos de los amigos de tus padres, los de los niños de tu edad que viven en la casa y los de los amigos tuyos.

2. Unos maestros piensan organizar una campaña para concientizar a la población de una comunidad rural, con el fin de que envíen a sus hijos a la escuela. Cuáles crees que serían los objetivos de los promotores de la campaña, los de los niños de la comunidad rural y los de los padres de los niños.

3. Los objetivos de los diferentes grupos de pobladores de la región donde vives en relación con la conservación de los recursos naturales no renovables, ¿cuáles crees que serían? Divide la población del área de acuerdo con sus diferentes intereses.

4. Si decides colaborar con tus amigos en la organización de una posada navideña, ¿cuáles serían tus objetivos?

Reflexión

1. En esta lección, ¿qué aprendieron?

_____

_____

2. ¿Consideran que son importantes los objetivos? ¿Por qué?

_____

_____

_____

Lección 5

Pensar en
las consecuencias.
Presentación y práctica
del proceso

CLASE 15. PENSAR EN LAS CONSECUENCIAS

¿ QUÉ PODRÍA SUCEDER?

Introducción

Un joven de 15 años que está nadando en una alberca de repente ve a un niño que se sumerge en el agua, el cual no sale nuevamente a la superficie. El joven pide ayuda, y un salvavidas acude a su llamado para que entre los dos saquen del agua al niño. Le prestan los primeros auxilios y lo envían a su casa a reposar.

¿Qué sucedió inmediatamente después de este hecho?
¿Qué sucedió a largo plazo?

(Piensa con tu maestro, no escribas)

Pensar en las consecuencias

Una consecuencia es una proposición que se deduce de otra, a corto o largo plazo y se presenta en el futuro.

Consecuencias

A corto plazo

A largo plazo

Pensar en las consecuencias significa:

_____

_____

_____

Práctica del proceso

Primera práctica

Piensa en las consecuencias que provocaría el cambio de línea de producción en una fábrica de motores. Imagínate que, en vez de fabricar motores, los gerentes deciden elaborar piezas para motores.

Consecuencias a corto plazo:

_____

_____

_____

_____

Consecuencias a largo plazo:

_____

_____

_____

_____

Segunda práctica

Considera qué consecuencias generaría la siguiente decisión: "Todos los jóvenes deben tener una computadora en casa para hacer sus trabajos escolares".

Consecuencias a corto plazo:

_____

_____

_____

_____

Consecuencias a largo plazo:

_____

_____

_____

Tercera práctica

Considera qué consecuencias originaría la siguiente idea: "Se prohíbe la utilización de la madera en la construcción de viviendas y muebles para así salvaguardar los bosques".

Consecuencias a corto plazo:

_____

_____

_____

Consecuencias a largo plazo:

_____

_____

_____

Cuarta práctica

Si durante un mes cada niño de un grupo de amigos consume diariamente una bolsa de caramelos, ¿qué pasaría?

Consecuencias a corto plazo:

_____

_____

_____

Consecuencias a largo plazo:

_____

_____

_____

Reflexión

1. ¿Tienen importancia las consecuencias a largo plazo? ¿Por qué?

_____

_____

2. En qué casos resulta útil pensar en las consecuencias.

_____

_____

3. ¿Siempre existen consecuencias? Razona tu respuesta.

_____

_____

CLASE 16. PENSAR EN LAS CONSECUENCIAS. EJERCICIOS DE CONSOLIDACIÓN

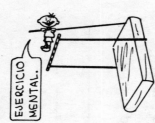

EJERCICIO MENTAL.

Práctica del proceso

Primera práctica

Pedrito se comió por equivocación un chile picante. ¿Qué creen que le pasó inmediatamente y poco tiempo después.

Consecuencias a corto plazo:

_____

_____

_____

_____

Consecuencias a largo plazo:

_____

_____

_____

_____

Segunda práctica

Un desperfecto deja a la ciudad sin agua durante cinco días. Este hecho, ¿qué consecuencias a corto y largo plazo provoca?

Consecuencias a corto plazo:

_____

_____

_____

Consecuencias a largo plazo:

_____

_____

_____

Tercera práctica

Supón que aparece la siguiente noticia en un periódico local: "Se sugiere una nueva ley en la cual se den facilidades a los educandos mayores de 12 años para que abandonen la escuela, y así comiencen a ganar dinero tan pronto como ellos lo deseen". Cuáles serían a corto y largo plazo las consecuencias.

Consecuencias a corto plazo:

_____

_____

_____

Consecuencias a largo plazo:

_____

_____

_____

Cuarta práctica

Los dueños de los cines quieren aumentar el precio de las localidades. En el caso de que esta medida se lleve a efecto, ¿qué ocurriría?

Consecuencias a corto plazo:

_____

_____

_____

_____

Consecuencias a largo plazo:

_____

_____

_____

_____

Reflexión

1. Qué ventajas, tiene pensar en las consecuencias.

_____

_____

_____

2. Crees que considerar las consecuencias surge de manera natural en las personas. ¿Por qué?

_____

_____

_____

3. Reflexiona con tu maestro en la siguiente afirmación:

> "Una de las habilidades más difíciles de lograr es visualizar el futuro. Muchas personas después de llevar a cabo alguna acción se lamentan por no haber tomado en cuenta las consecuencias".

Tarea

Analiza con tus padres y hermanos cuáles serían a corto y largo plazo las consecuencias de la siguiente regla: "Todas las familias deben clasificar la basura por tipos y colocarla en recipientes separados para su futuro aprovechamiento".

CLASE 17. PENSAR EN LAS CONSECUENCIAS. EJERCICIOS DE APLICACIÓN.

EJERCICIO MENTAL.

Práctica del proceso

Primera práctica

Cada día, los trabajadores de Teléfonos de México tienen que reparar los teléfonos públicos que son destruidos por las personas insociables. Para los trabajadores y personas en general, qué consecuencias genera este hecho.

Consecuencias a corto plazo:

_____

_____

_____

Consecuencias a largo plazo:

_____

_____

_____

Segunda práctica

Qué consecuencias provocan la quema y tala de los bosques.

Consecuencias a corto plazo:

_____

_____

_____

Consecuencias a largo plazo:

_____

_____

_____

Tercera práctica

Si en el sitio donde vives faltara la energía eléctrica por un largo tiempo, por ejemplo, dos meses. Cuáles serían a corto y largo plazo las consecuencias.

Consecuencias a corto plazo:

_____

_____

_____

Consecuencias a largo plazo:

_____

_____

_____

Cuarta práctica

Qué consecuencias originaría a corto y largo plazo la acumulación de basura en un terreno cercano a tu escuela.

Consecuencias a corto plazo:

_____

_____

_____

_____

_____

_____

Consecuencias a largo plazo:

_____

_____

_____

_____

_____

Reflexión

1. Si antes de realizar una acción o de tomar una decisión no pensamos en las consecuencias, ¿qué pasa?

_____

_____

2. ¿Crees que es fácil acostumbrarse a pensar en las consecuencias? ¿Por qué?

_____

_____

3. Para acostumbrarte a pensar en las consecuencias, ¿qué debes hacer?

_____

_____

4. ¿Crees que existen consecuencias buenas y malas para las personas? ¿Por qué?

_____

_____

_____

CLASE 18. PENSAR EN LAS CONSECUENCIAS. PROBLEMAS

¿QUÉ PASARÍA?.

Problemas

Para realizar en clase, selecciona a tres de los siguientes problemas:

1. El problema del hambre en el mundo es muy grave. Se está pensando en la explotación de los recursos marinos como fuente de alimentos en un futuro no muy lejano. a) Cuáles serían a corto y largo plazo las consecuencias. b) Si llega a generalizarse este tipo de alimentación, ¿cuáles serían a corto y largo plazo las consecuencias para la agricultura y ganadería.

2. En muchos países, no hay suficientes médicos rurales que atiendan a la gente del campo. Si se mantiene esta situación por muchos años, ¿cuáles serán a corto y largo plazo las consecuencias.

3. Si se agota todo el petróleo del mundo, ¿qué sucedería?

4. Si se comprueba que hay vida similar a la nuestra en otros planetas del universo, ¿qué pasaría?

89

Reflexión

1. De qué manera actúa una persona que no considera las consecuencias.

_____

_____

_____

_____

2. A una persona que quiere desarrollar sus habilidades del pensamiento, ¿qué le recomendarías? ¿Qué proceso del pensamiento le enseñarías?

Recomendación:

_____

_____

_____

_____

Procesos del pensamiento que le enseñarías:

_____

_____

_____

_____

Lección 6

Pensar en
lo más importante.
Presentación y práctica
del proceso

CLASE 19. PENSAR EN LO MÁS IMPORTANTE

JUEGO
CINE
DEPORTE

Introducción

Un joven necesita que un amigo le preste su bicicleta. Antes de que el amigo decida si se la presta o no, ¿qué aspectos debe tomar en cuenta? Cuáles serían los tres aspectos más importantes.

(Piensa con tu maestro, no escribas)

Pensar en lo más importante

*Pensar en lo más
importante ⸺ en las
prioridades
significa:*

_____

_____

_____

_____

_____

_____

_____

Para seleccionar lo más importante, ¿qué hacemos?

1. _____

2. _____

Práctica del proceso

Primera práctica

Para decidir si nos gusta o no un trabajo, cuáles serían los aspectos más importantes que debemos considerar.

Aspectos:

_____

_____

_____

_____

_____

Aspectos más importantes:

_____

_____

_____

Segunda práctica

Para que la escuela funcione bien, cuáles serían los aspectos más importantes que un director de escuela debe tomar en cuenta.

Aspectos:

_____

_____

_____

_____

_____

Aspectos más importantes:

_____

_____

Tercera práctica

Para elegir un amigo, cuáles serían los tres aspectos más importantes que debemos tomar en cuenta.

Aspectos:

_____

_____

_____

Aspectos más importantes:

_____

_____

_____

Reflexión

Qué significa escoger lo más importante.

_____

_____

Para elegir lo más importante, ¿qué hacemos?

1. _____

2. _____

3. _____

Qué significa asumir un criterio de prioridad.

_____

Ante un mismo problema, ¿las ideas más importantes son iguales para todos? ¿Por qué?

_____

_____

_____

Cuándo resulta más útil escoger lo más importante.

_____

_____

_____

_____

CLASE 20. PENSAR EN LO MÁS IMPORTANTE.
EJERCICIOS DE CONSOLIDACIÓN

Práctica del proceso

Primera práctica

Los alumnos de cuarto grado de una escuela desean montar una exposición de pintura. Piensa en las dos consecuencias más importantes de la idea y en los tres aspectos prioritarios para organizar la exposición.

Consecuencias:

Consecuencias más importantes:

_____

_____

Aspectos:

_____

_____

_____

_____

Aspectos más importantes:

_____

_____

_____

Segunda práctica

Cuáles son las tres consecuencias más importantes de la siguiente idea: "Las mujeres deben gozar de los mismos deberes y derechos que tienen los hombres".

Consecuencias:

_____

_____

_____

Consecuencias más importantes:

_____

_____

Tercera práctica

Supón que un amigo tuyo desea organizar una rifa para cooperar con el mantenimiento de la escuela. ¿Qué aspectos debería considerar? ¿Cuáles serían los prioritarios?

Aspectos:

_____

_____

_____

_____

_____

Aspectos más importantes:

_____

_____

_____

Cuarta práctica

Si el hombre colabora con las labores del hogar, ¿cuáles serían las tres consecuencias más importantes?

Consecuencias:

_____

_____

_____

_____

_____

Consecuencias más importantes:

_____

_____

_____

Quinta práctica

Para catalogar como bueno o malo un programa infantil de televisión, ¿qué aspectos deberían tomarse en cuenta? Considera todos los aspectos, y luego escoge las prioridades.

Aspectos del programa infantil:

_____

_____

_____

_____

_____

Prioridades:

_____

_____

_____

Reflexión

En qué casos conviene seleccionar lo más importante. Cita tres ejemplos.

_____

_____

Ejemplos:

_____

_____

_____

Tarea

En tu casa, resuelve con tus padres el siguiente ejercicio: Respecto a la educación de sus hijos, cuáles serían las prioridades más importantes de los padres.

CLASE 21. PENSAR EN LO MÁS IMPORTANTE.
EJERCICIOS DE APLICACIÓN

EJERCICIO MENTAL.

Práctica del proceso

Primera práctica

Para organizar un campeonato de ajedrez entre los alumnos de ambos sexos de toda la escuela, cuáles serían los cuatro aspectos más importantes que considerarías.

Aspectos:

_____

_____

_____

_____

Aspectos más importantes:

_____

_____

_____

_____

Segunda práctica

¿Cuáles serían los objetivos más importantes de un hospital? Considera todos los posibles objetivos, y luego escoge los tres más importantes.

Posibles objetivos:

_____

_____

_____

_____

Objetivos más importantes:

_____

_____

Tercera práctica

Con objeto de actualizar la biblioteca, se realizó una rifa con un premio único de $4 000 000. Imagínate que el número favorecido es el tuyo. Piensa qué harías con el dinero, y luego selecciona tus prioridades.

Lo que haría con el dinero:

_____

_____

_____

_____

Prioridades:

_____

_____

_____

Cuarta práctica

Un padre se entera que su hijo de 11 años agredió a un anciano en el parque de diversiones. ¿Qué debe hacer el padre cuando aborde a su hijo? ¿Cuáles serían sus prioridades?

Lo que puede hacer el padre cuando aborde a su hijo:

_____

_____

_____

Prioridades del padre:

_____

_____

_____

Quinta práctica

Con objeto de recaudar fondos, está organizándose una verbena para hacer unas reparaciones en el parque de la colonia. ¿Qué aspectos debemos considerar? Establece un orden de prioridades.

Aspectos:

_____

_____

_____

Orden de prioridades:

1. _____

2. _____

3. _____

4. _____

Reflexión

Para ti tus prioridades y las de otras personas, ¿qué importancia tienen?

Tus prioridades:

_____

_____

_____

Las prioridades de otras personas:

_____

_____

_____

Para aprender a considerar tus prioridades, ¿qué debes hacer?

_____

_____

_____

CLASE 22. PENSAR EN LO MÁS IMPORTANTE. PROBLEMAS

¿QUÉ ES LO MÁS IMPORTANTE?

Problemas

Selecciona y resuelve dos de los siguientes problemas:

1. Si tuvieras la oportunidad de ayudar a una comunidad, ¿cuáles serían tus prioridades?

2. Si tuvieras que mudarte de una casa a un apartamento, ¿qué aspectos considerarías, y cuáles serían los más importantes?

3. Supón que te invitan a pasar el fin de semana en la playa, pero te encuentras en época de exámenes finales. ¿Qué aspectos considerarías, y cuáles serían los más importantes?

Reflexión

En esta lección, ¿qué aprendiste?

_____

_____

_____

_____

Para ti las prioridades, ¿de qué dependen?

_____

_____

_____

_____

Lección 7

Pensar en
las alternativas.
Presentación y práctica
del proceso

CLASE 23. PENSAR EN LAS ALTERNATIVAS

¿POR QUÉ CAMINO SEGUIRÉ?

Introducción

Un grupo de niños que esperaban el inicio de clase de biología se sorprendieron cuando el profesor se presentó con un turbante y una bata negra. Ante tal escena, una joven de pronto grita y sale del salón. Detrás de ella corren otros compañeros. El profesor, al observar lo sucedido, solicita la intervención de la dirección de la escuela, pues considera que la respuesta de los alumnos fue insultante. ¿Qué pudo pasarle a la joven? ¿Qué les ocurrió a los compañeros que la siguieron?

(Piensa con tu maestro, no escribas)

Pensar en las alternativas

Pensar en
las alternativas
significa:

_____

_____

_____

_____

> El proceso "pensar en las alternativas" consiste en tratar de encontrar deliberadamente posibles soluciones, explicaciones o cursos de acción.

Práctica de los procesos

Primera práctica

La maestra nota que la alumna más aventajada y responsable de la clase empieza a faltar y a dejar de cumplir con las tareas. ¿Cuáles serían las explicaciones o causas de este hecho?

Explicaciones o causas del hecho:

_____

_____

_____

_____

Segunda práctica

El servicio telefónico de la ciudad está funcionando muy mal. Los aparatos no sirven, las líneas se caen y hay muchas interferencias. Para resolver esta situación, ¿qué alternativas considerarías?

Posibles alternativas para resolver el problema:

_____

_____

_____

_____

Tercera práctica

Una persona desea remodelar su casa, pero no tiene suficiente dinero para hacerlo. ¿Qué posibles alternativas tiene la persona?

Posibles alternativas:

_____

_____

_____

Cuarta práctica

Antonio, un compañero de clase muy querido por todos, tiene problemas en la escuela debido a que está obteniendo bajas calificaciones. Para ayudarlo a resolver su problema, ¿qué le recomendarías?

Recomendaciones:

_____

_____

_____

_____

Reflexión

1. ¿Con qué objetivo se buscan alternativas?

_____

_____

_____

2. ¿Para adquirir el hábito de buscar alternativas, qué debemos hacer?

_____

_____

_____

3. Analiza con tu maestro las siguientes afirmaciones:

"Es fácil buscar alternativas cuando uno está insatisfecho con las que tiene; sin embargo, exige un esfuerzo deliberado buscarlas cuando uno está conforme con las que tiene".

"Casi siempre, aun en casos que parecen imposibles, se encuentran alternativas para dar respuestas a una situación".

CLASE 24. PENSAR EN LAS ALTERNATIVAS.
EJERCICIOS DE CONSOLIDACIÓN

EJERCICIO MENTAL.

Práctica de los procesos

Primera práctica

Imagínate que una persona, que se está bañando, cierra la llave de la regadera por un momento para enjabonarse. Cuando vuelve a abrirla ya no hay agua. Para que dicha persona termine de bañarse, ¿qué alternativas puede encontrar?

Alternativas:

_____

_____

_____

_____

Segunda práctica

Completa los ejercicios que se proponen a continuación. Anota tres alternativas para cada situación:

Alternativas

1. Salir con mejores calificaciones de los exámenes.

a) _____

b) _____

c) _____

2. Disfrutar sanamente de la vida con tus amigos.

a) _____

b) _____

c) _____

3. Lograr que tus hermanos colaboren en los quehaceres de la casa.

a) _____

b) _____

c) _____

Alternativas

4. Ir de vacaciones con una familia amiga.

   a) _____

   b) _____

   c) _____

5. Ser más ordenado con tus pertenencias.

   a) _____

   b) _____

   c) _____

6. Distraer a tus amigos en la fiesta que vas a ofrecer en tu casa.

   a) _____

   b) _____

   c) _____

7. Entender mejor a los demás.

   a) _____

   b) _____

   c) _____

Tercera práctica

El profesor de geografía de un plantel es muy puntual, sin embargo, un día que tenía programada una actividad especial con sus alumnos no llegó a tiempo. ¿Cuáles son las posibles explicaciones de este hecho?

Posibles explicaciones:

_____

_____

_____

_____

Cuarta práctica

Supón que te ofrecen unos días de vacaciones fuera de la ciudad donde vives. Como posibles lugares para visitar, ¿qué alternativas te plantearías? ¿Cuáles serían las ventajas de cada alternativa?

Alternativas   **Ventajas**

_____   _____

_____   _____

_____   _____

_____   _____

_____   _____

Reflexión

¿Para ti, buscar las alternativas, qué significa?

_____

_____

_____

_____

_____

Para pensar en las alternativas, ¿que se requiere?

_____

_____

_____

_____

_____

Tarea

Para ajustar su presupuesto de acuerdo con el alza de los precios de los alimentos, ¿qué posibles alternativas tiene el ama de casa?

CLASE 25. PENSAR EN LAS ALTERNATIVAS. EJERCICIOS DE APLICACIÓN

EJERCICIO MENTAL.

Práctica de los procesos

Primera práctica

En una ciudad, hay problemas con el suministro de gasolina en las gasolinerías. Para ir a su trabajo, ¿qué alternativas tendrían las personas?

Alternativas:

Segunda práctica

Para estimular la conservación de nuestros recursos naturales no renovables, ¿qué alternativas crees que deberían considerarse?

Alternativas:

_____

_____

_____

_____

_____

Tercera práctica

Un niño de 12 años se queja de su fastidio. Para que ocupe su tiempo libre, su abuela le sugiere algunas actividades como las siguientes:

- Que aprenda a tocar un instrumento músical.
- Que practique su deporte favorito.
- Que juegue con sus amigos del vecindario.

Para darle más variedad al tiempo libre de este niño, ¿podrías encontrar otras alternativas diferentes a éstas?

Otras alternativas:

_____

_____

_____

_____

_____

Cuarta práctica

Se anuncia una helada muy fuerte para los próximos días. Ante esta situación para evitar que las cosechas se deterioren, ¿qué posibles alternativas tienen los agricultores?

Alternativas para salvar la cosecha:

_____

_____

_____

_____

_____

_____

CLASE 26. PENSAR EN LAS ALTERNATIVAS. PROBLEMAS

¿QUÉ POSIBLES ALTERNATIVAS EXISTEN?

Problemas

Selecciona tres de los siguientes casos:

1. En la lucha contra la contaminación ambiental, ¿qué pueden hacer los niños?

2. Los mexicanos necesitamos poblar las fronteras del país a fin de garantizar la integridad del territorio nacional. Para solucionar este asunto, ¿qué posibles alternativas tenemos?

3. Para resolver el problema de la basura que es tirada en los sitios públicos, ¿qué posibles alternativas existen?

4. El dueño de una tienda sabe que si paga a sus empleados los salarios que éstos reclaman y que posiblemente merecen, no tendrá suficiente dinero para mantener su negocio, el cual tendrá que cerrar. Para ti el dueño de este negocio, ¿qué posibles alternativas tiene?

Reflexión

1. En esta lección, ¿qué estudiamos?

_____

_____

2. Las cuatro clases de cada tema, ¿qué objeto tienen?

_____

_____

3. Entre alternativa y prioridad, ¿qué diferencia existe?

_____

_____

4. Para buscar las alternativas más importantes, ¿qué debemos hacer?

_____

_____

5. Las alternativas más importantes, para qué las buscamos.

_____

_____

6. Piensa con tu maestro en la siguiente idea:

"Antes de seleccionar una alternativa o una posible explicación, debemos pensar en las prioridades, así como en los criterios, que debemos aplicar para escoger dichas prioridades".

Lección 8

Planificación.
Presentación y práctica
del proceso

CLASE 27. PLANIFICACIÓN

Introducción

En el año, es la tercera vez que el Sr. Antonio, dueño de un negocio vecino, carece del dinero suficiente para cubrir todos los gastos de producción y mantenimiento de su negocio. Además no tiene las reservas necesarias para solventar las prestaciones de los empleados. ¿Cuál es el problema del Sr. Antonio? Para que resuelva su problema, ¿qué podrías sugerirle?

(Piensa con tu maestro, no escribas)

Proceso de planificación

Para ayudar al Sr. Antonio, ¿qué hicimos?

_____

_____

_____

_____

_____

Planificar

Es delinear el camino por seguir para lograr un objetivo que fue planteado con precisión.

Pasos de la planificación

1. _____

2. _____

3. _____

4. _____

5. _____

6. _____

7. _____

Práctica de los procesos

Primera práctica

En un lugar del país, se desató una peligrosa epidemia que amenaza con extenderse rápidamente por todo el territorio. Por tal motivo, habrá que planificar una estrategia para evitar que la enfermedad se propague a otras regiones.

Objetivo:

_____

_____

_____

Consecuencias:

_____

_____

_____

_____

Aspectos:

_____

_____

_____

_____

Prioridades:

_____

_____

_____

_____

Alternativas o medidas para resolver el problema:

_____

_____

_____

Alternativas seleccionadas:

_____

_____

Lista de actividades:

_____

_____

_____

_____

_____

Segunda práctica

Un joven que termina su año escolar con altas calificaciones desea planificar sus vacaciones. Para ayudarlo, ¿qué puedes hacer?

Reflexión

1. Para ti, la planificación, ¿qué utilidad tiene?

_____

_____

2. ¿En qué casos se requiere hacer planes?

_____

_____

3. Para hacer un plan, ¿cuáles son los pasos por seguir?

CLASE 28. PLANIFICACIÓN. PROBLEMAS

Problemas

1. Un grupo de ocho jóvenes cuyas edades fluctúan entre los 16 y 18 años se encuentran perdidos en una región montañosa del sur del país, no sólo se sabe que poseen alimentos para tres o cuatro días, sino que también la región es inaccesible para vehículos además de ser muy nublada durante las mañanas y las tardes. ¿Cómo planificarías el rescate?

2. La ciudad de Terleno por estar ubicada en una planicie tiene desagües muy deficientes. Cuando se desatan lluvias torrenciales por varios días consecutivos, dicha ciudad después de inundarse queda incomunicada del resto del país. Además, esta situación provoca accidentes que ponen en peligro la salud y la vida de los comunitarios. Para resolver este problema, ¿qué plan sugerirías?

Reflexión

1. En esta lección, ¿qué aprendimos?

_____

_____

_____

2. ¿Qué es planificar?

_____

_____

_____

3. ¿Creen que todas las personas planifican? ¿Por qué?

_____

_____

_____

4. Piensa con tu maestro en la siguiente idea:

"La planificación no es un proceso que surge espontáneamente en las personas. Se requiere que éstas desarrollen sus habilidades de planificación. Además deben estar conscientes de que es necesario hacer planes antes de actuar".

Lección 9

Pensar en
otros puntos de vista.
Presentación y práctica
del proceso

CLASE 29. PENSAR EN OTROS PUNTOS DE VISTA

MIS IDEAS   TUS IDEAS

Introducción

Tengo una amiga que siempre tiene problemas con sus compañeras de trabajo. Muchas veces me he puesto a observarla y me he dado cuenta de que es egoísta. No oye a sus compañeras, y siempre cree que tiene la razón. Inclusive noto que sus antiguas amigas la evaden; por lo cual, en la actualidad anda siempre sola.

¿Qué piensas que le pasa a la joven?

(Piensa con tu maestro, no escribas)

Una señora enferma después de abordar un camión se da cuenta que todos los asientos están ocupados. Por su estado, ella necesita viajar en una forma más cómoda; sin embargo, las personas, que se encuentran sentadas no tratan en ningún momento de cederle algún asiento. Entre tanto, el chofer voltea para observar la situación. Por otra parte algunos ancianos que viajan allí se miran mutuamente.

De esta situación, ¿qué pensará cada una de las personas del camión?

(Reflexiona con tu maestro, no escribas)

137

Pensar en otros puntos de vista

- Cada persona tiene su manera particular de ver las cosas.
- Cada persona se ve afectada de diferente manera como consecuencia de las acciones y puntos de vista de otras personas.
- Las personas deben mostrar sensibilidad y disposición para comprender y tomar en cuenta los puntos de vista de otras personas.

El proceso "pensar en otros puntos de vista" nos invita a considerar la opinión y el sentir de los demás. También nos incita a pensar que no estamos solos y que cuanto hacemos, de alguna manera afecta a otras personas.

Práctica del proceso

Primera práctica

Un joven desea vender su bicicleta a otro compañero. Durante la conversación que sostienen los dos, cada uno expone sus propios argumentos. ¿Cuáles son estos argumentos?

Puntos de vista del vendedor:

_____

_____

_____

_____

Puntos de vista del comprador:

_____

_____

_____

_____

Segunda práctica

Un señor cuando llega a una fiesta se encuentra a su hija de 14 años, la cual está allí sin su consentimiento. Ante esta situación, ¿cuál sería el punto de vista del padre y el de la hija?

Puntos de vista del padre:

_____

_____

_____

_____

Puntos de vista de la hija.

_____

_____

_____

Tercera práctica

En materia de política, hay un proyecto para mudar la capital de México al centro del país. Ésta es una idea controversial. Cuáles serían los puntos de vista de:

- Los habitantes de la Ciudad de México.
- Los funcionarios públicos (empleados de ministerios, institutos oficiales, etcétera).
- Los habitantes del resto del país.

Habitantes de la Ciudad de México:

_____

_____

_____

Funcionarios públicos:

_____

_____

_____

Habitantes del resto del país:

_____

_____

_____

Cuarta práctica

Cuáles serían tus puntos de vista:

• Si fueras el padre de un niño que es muy desordenado en la escuela.

_____

_____

_____

• Si fueras miembro de un grupo de exploradores que sale de excursión todos los fines de semana.

_____

_____

_____

• Si fueras el alumno más aventajado de la clase.

_____

_____

_____

Reflexión

1. Para nuestra vida, el proceso "pensar en otros puntos de vista" qué utilidad tiene.

_____

_____

_____

2. En los puntos de vista de otras personas, ¿cuándo nos conviene pensar?

_____

_____

_____

3. Piensa con tu maestro en los siguientes puntos:

- El proceso "pensar en otros puntos de vista" nos ayuda a contrarrestar el egocentrismo. También nos facilita la interacción con las personas.
- Es importante tomar en cuenta la manera como piensan otras personas.
- También debemos observar las reacciones que nuestros actos provocan en otras personas.

Tarea

Respecto al aumento del costo de la vida, cuál sería el punto de vista de tus padres, el de tus hermanos y el tuyo propio.

CLASE 30. PENSAR EN OTROS PUNTOS DE VISTA. EJERCICIOS DE CONSOLIDACIÓN

EJERCICIO MENTAL.

Práctica del proceso

Primera práctica

En un nuevo sector de la ciudad, se encarga la edificación de un grupo de casas a una compañía constructora. Imagina cuál sería el punto de vista de la compañía constructora, el de las parejas o clientes de las casas y el de los vecinos del lote.

Punto de vista de la compañía constructora:

Punto de vista de las parejas interesadas:

_____

_____

_____

Punto de vista de los vecinos del lote:

_____

_____

_____

Segunda práctica

Un inventor descubre un nuevo método para enlatar alimentos. Su invento ocasiona que una de cada 10 personas empleadas en la empresa sea despedida. Imagina cuál sería el punto de vista del inventor, el del dueño de la fábrica, el del público que comprará los alimentos enlatados y el de los obreros que laboran en la fábrica.

Punto de vista del inventor:

_____

_____

_____

Punto de vista del dueño de la fábrica:

_____

_____

_____

Punto de vista del público comprador:

_____

_____

_____

Punto de vista de los obreros de la fábrica:

_____

_____

_____

Tercera práctica

Imagina cuál sería el punto de vista de los científicos, el de los ecologistas, el del gobierno y el del público en general acerca de la contaminación ambiental.

Punto de vista de los científicos:

_____

_____

_____

Punto de vista de los ecologistas:

_____

_____

_____

Punto de vista del gobierno:

_____

_____

_____

Punto de vista del público:

_____

_____

_____

Cuarta práctica

El hermano menor de Julia desea que sus padres le compren de mascota a un perro. Imagina cuál sería el punto de vista del niño, el del padre, el de la madre, el de los hermanos mayores y el de los vecinos.

Reflexión

Anota tres ideas acerca del proceso "pensar en otros puntos de vista".

1. _____

_____

2. _____

_____

3. _____

_____

_____

Tarea

Debido que hay una huelga en el transporte público, las personas tienen muchas dificultades para llegar a su trabajo. Esta situación, ¿di qué diferentes puntos de vista genera?

_____

_____

_____

_____

_____

_____

_____

_____

_____

_____

CLASE 31. PENSAR EN OTROS PUNTOS DE VISTA. EJERCICIOS DE APLICACIÓN

EJERCICIO MENTAL.

Práctica del proceso

Primera práctica

Después de hacer la tarea escolar, unos compañeros de clase deciden ir a jugar de noche a una casa vecina. ¿Qué deben tomar en cuenta?

Segunda práctica

Cuál sería el punto de vista de las personas que fabrican, venden y compran adornos de navidad.

Tercera práctica

La directora de una escuela decide eliminar el recreo. Considera los puntos de vista de las siguientes personas:

- Director.
- Maestros.
- Representantes.
- Obreros.
- Alumnos.

Cuarta práctica

Un equipo de beisbol se prepara para competir en un campeonato; sin embargo, más tarde los entrenadores deciden no participar. Imagina cuál sería el punto de vista de los entrenadores, el de los organizadores del intercambio deportivo, el de los integrantes del equipo y el del público en general.

Quinta práctica

Una persona vendió su casa en muy buen precio, a unos señores de otra ciudad, los cuales deseaban que sus hijos estudiarán en la capital. Desafortunadamente los jóvenes están acostumbrados a escandalizar y a organizar muchas fiestas. Por lo cual, algunas personas del vecindario protestan acaloradamente, mientras que a otras esta situación no les molesta. Imagínate cuál sería el punto de vista de la persona que vende la casa, el de la familia que compró la casa, el de los jóvenes estudiantes, el de las personas que protestan y el de aquellos a quienes el ruido no les molesta.

Reflexión

Cuándo es útil considerar los puntos de vista de otras personas.

_____

_____

_____

Al generar ideas, en qué casos las personas pueden tener diferentes puntos de vista.

_____

_____

_____

_____

Reflexiona con tu maestro en las siguientes ideas:

- "Cada persona piensa de acuerdo con el punto de vista que tiene acerca de las cosas".
- "Muchas situaciones de la vida cotidiana involucran a muchísimas personas. Lo que unas personas piensan forma parte de la situación de otras, y esto generalmente incluye: aspectos, consecuencias, objetivos, etc. Por eso, las personas pueden tener puntos de vista muy diferentes respecto a un mismo asunto".

CLASE 32. PENSAR EN OTROS PUNTOS DE VISTA. PROBLEMAS

¿CUÁL SERÁ SU PUNTO DE VISTA?

Problemas

Resuelve los siguientes problemas:

1. Cuál sería el punto de vista de las personas involucradas en un viaje exploratorio al espacio. Toma en cuenta las opiniones de los científicos, astronautas, gobiernos, familiares de los astronautas y ciudadanía en general.

2. Un abogado está defendiendo a un hombre a quien acusan de haber robado cierta cantidad de dinero de un banco. Cuál sería el punto de vista del abogado, el del juez, el del acusado y el del propietario del banco.

3. En una delegación, existe un proyecto para restaurar algunas casas coloniales, así como construir una zona peatonal y recreativa. Cuál sería el punto de vista de los arquitectos, el de los habitantes de las casas, el de los niños que viven en las casas y el del público en general.

Reflexión

1. En esta lección, ¿qué aprendiste?

_____

_____

_____

2. En qué casos es útil aplicar este proceso.

_____

_____

_____

3. Reflexiona con tu maestro en las siguientes ideas:

- El proceso "pensar en otros puntos de vista" nos ayuda a comprender a los demás. También nos hace más sensibles ante los problemas ajenos.

- Tener la habilidad de pensar como otras personas y tratar de ver los hechos desde el punto de vista de otros, son dos aspectos muy importantes de este proceso del pensamiento. Estos aspectos deben formar parte de la manera como debemos ver el mundo que nos rodea.

Lección 10

Decisiones.
Presentación y práctica
del proceso

CLASE 33. DECISIONES

¿CUÁL ESCOGERÉ?

Introducción

Supón que tus padres desean adquirir una vivienda. Para ayudarlos a tomar una decisión, ¿qué harías?

(Piensa con tu maestro, no escribas)

Decidir

Es seleccionar una alternativa entre varias existentes.

Pasos para tomar una decisión

1. Definir el objetivo.
2. Considerar todos los aspectos.
3. Pensar en los aspectos más importantes.
4. Tomar en cuenta los puntos de vista de la familia respecto a cada aspecto seleccionado.
5. Hacer una lista, entre todos, de las posibles alternativas.
6. Tomar en cuenta el punto de vista de la familia respecto a cuál consideran que es la mejor alternativa.
7. Escoger las alternativas más convenientes.
8. Pensar en lo bueno y en lo malo de cada alternativa.
9. Seleccionar una alternativa.

El proceso de toma de decisiones nos ayuda a:

Práctica del proceso

Primera práctica

El dinero que gana la familia de un amigo es insuficiente para solventar los gastos de su casa. Di qué decisiones debería tomar esta familia.

Segunda práctica

Un joven acaba de terminar sus estudios de vocacional. Por lo cual, necesita elegir un sitio de trabajo. Antes de que tome una decisión, un amigo le aconseja que debe pensar muy bien las cosas sin pasar por alto la opinión de sus familiares y amigos. El joven, después de acatar estas sugerencias, necesita considerar los objetivos que se propone lograr, los aspectos, las prioridades, las posibles soluciones a su problema y las consecuencias que generen éstos para luego tomar una determinación. A este joven, ¿cómo le ayudarías a aplicar estos procesos?

Tercera práctica

Un equipo de beisbol había estado jugando muy bien, pero de repente empieza a jugar mal. Si fueras el entrenador de este equipo, qué decisión tomarías para mejorar esta situación.

Cuarta práctica

El gobierno federal piensa construir una carretera a través de una bellísima región del país que por tradición ha sido considerada parque nacional. Sin embargo, los habitantes del lugar se oponen al proyecto. Para tomar una decisión, ¿qué proceso del pensamiento escogerías? ¿Cuál sería tu decisión?

Reflexión

1. Para tomar una decisión, ¿qué debes hacer?

_____

_____

_____

2. Antes de tomar una decisión, ¿es mejor pensar en las consecuencias?, o simplemente tomar la decisión y luego ver qué ocurre. ¿Tú qué haces? ¿Por qué?

_____

_____

_____

_____

_____

_____

_____

_____

CLASE 34. DECISIONES. PROBLEMAS

¿ POR QUÉ ME DECIDIRÉ ?

Problemas

Entre los ejemplos que se dan a continuación, selecciona dos o tres:

1. El sistema de radio de un avión se descompone. Esto representa un grave peligro, ya que el piloto no puede comunicarse con la torre de control ni recibir órdenes de ésta. Para resolver este problema y tomar una decisión adecuada, el piloto cómo debe organizar sus pensamientos. ¿Cuál sería la decisión por tomar?

2. Imagina que formas parte del comité ejecutivo de un club deportivo y que en este momento tu equipo no es muy popular. Además estas consciente que de algún modo debes aumentar su popularidad. Para tomar una decisión y lograr tu objetivo, ¿qué proceso del pensamiento utilizarías?

3. Cómo crees que las personas deben decidir la forma de gastar su dinero.

4. El dueño de un negocio muy importante ha sido secuestrado por unos maleantes que exigen una enorme suma de dinero para liberarlo. La policía sabe que si da el dinero del rescate, otras personas serían secuestradas en el futuro. También está consciente de que si no entrega el dinero, los secuestradores podrían matar al rico empresario. ¿Cuál sería la decisión por tomar?

Reflexión

1. En esta lección, ¿qué aprendimos?.

_____

_____

_____

_____

2. Cuando tomas decisiones, ¿cuál de los procesos estudiados aplicas?

_____

_____

_____

3. En este curso, los procesos del pensamiento estudiados, ¿qué utilidad tienen?

_____

_____

_____

4. Piensa con tu maestro en la siguiente idea.

El proceso estudiado nos facilita la selección de una alternativa entre varias existentes. También nos evita que por impulsividad escojamos apresuradamente la alternativa que más nos guste, ya que nos hace pensar en otras posibilidades y en las consecuencias que las selecciones apresuradas originan.

Lección 11

Revisión de
los procesos
estudiados

CLASE 35. PRÁCTICA DE LOS PROCESOS ESTUDIADOS (1a. PARTE)

Ejercicios de revisión y aplicación de los procesos del pensamiento estudiados

Resuelve los ejercicios que se proponen a continuación:

1. El proceso "pensar en todos los aspectos" me ayuda cada vez que voy a:

a) Hacer la tarea. _____

b) _____

c) _____

d) _____

e) _____

f) _____

2. La operación del pensamiento "pensar en lo bueno y lo malo" es útil para:

a) Tomar decisiones. _____

b) _____

c) _____

d) _____

3. ¿Qué proceso del pensamiento aplicarías antes de decidir:

a) Salir con los amigos. _____

b) Ya no hablarle a un amigo. _____

c) Ver la televisión. _____

d) Comprar un libro. _____

e) Ir a una fiesta. _____

A ti, estos procesos del pensamiento, ¿para qué te sirven?

_____
_____
_____

4. Menciona tres posibles consecuencias que las siguientes alternativas o posibles acciones generen:

Alternativas	**Consecuencias**
	_____
	_____
a) Ir al cine.	_____
	_____
b) Estudiar.	_____
	_____
c) Quedarse en casa durante el fin de semana.	_____
	_____
d) Ir a la playa.	_____
	_____
e) Ponerse una vacuna.	_____
	_____
f) Proteger el ambiente.	_____
	_____
g) No tirar basura en sitios públicos.	_____

Alternativas

Consecuencias

h) Establecer reglas para las actividades que realizas en la escuela.

_____
_____
_____

i) Pensar en los demás.

_____
_____
_____

j) Pensar en ti mismo.

_____
_____

5. En cada caso, contesta las siguientes preguntas e identifica el proceso del pensamiento aplicado.

a) Si se agotan las tortillas en la ciudad donde vives, ¿qué harías?

_____
_____
_____

Proceso del pensamiento aplicado.

_____

b) Si se suprime durante un mes el servicio de agua en la ciudad donde vives, ¿qué pasaría?

_____
_____
_____
_____

Proceso del pensamiento aplicado.

_____

c) Cuando termines la primaria, ¿qué deseas hacer?

_____

_____

_____

Proceso del pensamiento aplicado.

_____

d) Antes de comprarte un traje nuevo, ¿qué tomas en cuentas?

_____

_____

_____

Proceso del pensamiento aplicado.

_____

e) Para ti, de las siguientes actividades: ir al cine, quedarse en casa, asistir a una fiesta, charlar con los amigos, etc. ¿Cuál es la más interesante? ¿Por qué?

_____

_____

_____

Proceso del pensamiento aplicado.

_____

f) De tu mejor amiga, ¿qué te gusta y disgusta más?

Lo que más me gusta   Lo que más me disgusta

_____   _____

_____   _____

Proceso del pensamiento aplicado.

g) Si decides ponerte a trabajar en vez de seguir estudiando, ¿qué
crees que opinarían tus padres y hermanos?

_____

_____

_____

Proceso del pensamiento aplicado.

_____

_____

_____

_____

Reflexión

Piensa con tu maestro en las siguientes cuestiones:

1. Los procesos del pensamiento que hemos estudiado en lecciones an-
teriores, ¿qué utilidad tienen en la práctica?

2. Entre pensar por pensar sin un plan establecido y pensar organizada-
mente para lograr un propósito claro y definido, ¿qué diferencia existe?

3. ¿Creen que las lecciones estudiadas les han ayudado a pensar mejor?
¿Por qué?

CLASE 36. PRÁCTICA DE LOS PROCESOS ESTUDIADOS (2a. PARTE)

¿PLANIFICAR?
¿DECIDIR?

Ejercicios de revisión y aplicación de los procesos del pensamiento estudiados

Resuelve los ejercicios que se proponen a continuación:

En esta segunda revisión, ejercita los siguientes tres procesos de consolidación: reglas, planificación y decisiones. En cada caso, trata de aplicar todos los pasos necesarios para que logres lo que se te pide. Además reflexiona en lo que haces para que no te equivoques.

1. Elabora tres reglas para:

a) Mejorar la limpieza de la colonia donde vives. Para ello considera todos los aspectos, y luego formula las reglas.

Aspectos:

_____

_____

_____

Reglas:

_____

_____

_____

_____

b) Mejorar la convivencia familiar.

Aspectos:

_____

_____

_____

_____

_____

Reglas:

_____

_____

_____

_____

c) Promover el deporte entre los jóvenes.

Aspectos:

_____

_____

_____

_____

_____

Reglas:

_____

_____

_____

_____

_____

d) Mejorar el aprendizaje de los alumnos.

Aspectos:

_____

_____

_____

_____

Reglas:

_____

_____

_____

_____

e) Desarrollar las habilidades del pensamiento.

Aspectos:

_____

_____

_____

_____

_____

Reglas:

2. Para que un amigo tuyo elija lo que va a hacer en las próximas vacaciones escolares, ayúdalo a elaborar un plan. Menciona los procesos del pensamiento utilizados y desarrolla tus ideas hasta definir el plan.

3. Supón que tu mejor amigo tiene la alternativa de mudarse a una ciudad muy grande o quedarse en un pequeño pueblo con sus padres. Para que tu amigo tome la decisión más adecuada, ¿cómo lo ayudarías?

CLASE 37. APLICACIÓN DE LOS PROCESOS ESTUDIADOS

Introducción

En esta clase, aplicarás los procesos estudiados en situaciones nuevas como son: la redacción de historias y la comprensión de la lectura.

Elabora una pequeña historia en la cual los protagonistas tengan que aplicar tres de los procesos estudiados en el curso.

Para redactar la historia, se sugieren los siguientes pasos:

a) Seleccionar un tema.
b) Hacer un plan que incluya la aplicación de los procesos que correspondan al tema seleccionado y al mensaje que se desee comunicar.

c) Aplicar el plan previamente elaborado.
d) Verificar si el escrito se relaciona con el tema y el plan elegidos.

Lee el siguiente escrito e identifica los procesos del pensamiento estudiados que estén presentes en él. Enseguida trata de interpretar el contenido del texto. Después explica lo que el autor quiso comunicar de acuerdo con tu punto de vista, el cual habrás de comparar con los puntos de vista de tus compañeros.

Las decisiones de Antonio

Antonio decidió mudarse a la casa de sus abuelos. Éstos vivían en un pequeño pueblo, el cual estaba aislado en una región montañosa. Él nuca pudo convivir con sus hermanos debido a sus modales y a su temperamento impulsivo. La mayoría de las veces a los menores de sus hermanos no los comprendía y trataba de imponerles su voluntad sin pensar que en muchos casos éstos tenían más razones que él para justificar sus actos. De igual manera, se mostraba reservado y displicente con su hermana mayor.

Durante los primeros días de estadía en casa de sus abuelos, Antonio se sintió muy contento. Sin embargo, más tarde comenzó a reflexionar en las consecuencias que la separación le originaría: pensó en la soledad y el aislamiento, en el tiempo que estaría alejado de sus padres y hermanos, en la pérdida de los amigos y en las pocas posibilidades que tendría de cultivarse en aquel lugar aislado donde vivían sus abuelos. Por otra parte, se sentía arrepentido porque antes de irse de la casa no pudo hablar con sus padres acerca de sus problemas personales. Así que necesitaba oír la opinión de otras personas y pensar en los aspectos que tendría que tomar en cuenta para rectificar su conducta. Entre dichos aspectos estarían: volver a su casa, hacer un esfuerzo por ser más comprensivo con los demás, ser más flexible para aceptar otros puntos de vista, etcétera.

Reflexión

1. En esta clase, ¿qué hicimos?

_____

2. En la escritura de la historia, ¿cómo aplicaste los procesos estudiados?

_____

_____

3. En la comparación de la lectura, ¿cómo aplicaste los procesos?

_____

_____

4. Para ti, los procesos estudiados, ¿qué importancia tienen?

_____

_____

CLASE 38. PROYECTOS DE APLICACIÓN DE LOS PROCESOS ESTUDIADOS

¿LOS PENSADORES?
¡TODOS PENSAMOS !

Introducción

En la presente clase, se proponen algunos proyectos para realizarlos en pequeños grupos.
Un proyecto es un plan de acción para lograr un objetivo.

Instrucciones

Para llevar a cabo las actividades propuestas, se requiere que ustedes:

1. Se organicen en grupos de tres a cinco alumnos.
2. Seleccionen uno de los proyectos que se proponen.
3. Soliciten la autorización tanto de su maestro como de la escuela para llevar a la práctica el proyecto seleccionado.
4. Elaboren un plan para llevar a cabo el proyecto.

Proyectos

1. Organizar y llevar a cabo una campaña de aseo en la escuela.
2. Organizar y llevar a cabo una campaña para restaurar los jardines, las paredes, los bancos, etc., de la escuela.
3. Organizar y llevar a cabo una campaña para promover las manifestaciones artísticas entre los estudiantes de la escuela.
4. Organizar y llevar a cabo una campaña de concientización para mejorar la disciplina en la escuela.
5. Organizar y llevar a cabo una campaña para incorporar los conocimientos de los padres en algunas actividades de la escuela.

Reflexión

1. Para ti, un proyecto, ¿qué es?

_____

_____

_____

2. Para ti, los proyectos, ¿qué utilidad tienen?

_____

_____

3. Analiza con tu maestro qué importante es planificar y ejecutar los proyectos.

Esta obra se terminó de imprimir y encuadernar
el 31 de julio de 1992,
en los talleres de Litográfica Ingramex, S. A. de C. V.,
Centeno núm. 48, loc. 1, Col. Granjas Esmeralda,
C.P. 09810, México, D. F.
Se encuadernó en Compañía Editorial Ultra, S. A. de C. V.,
Centeno núm. 162, loc. 2, Col. Granjas Esmeralda,
C.P. 09810, México, D. F.
Se tiraron
5 000 ejemplares, más sobrantes de reposición.

AT ET, AO 72